Mi biblioteca de ciencias

Un mundo de agua

Lisa J. Amstutz y Alma Patricia Ramirez

Rourke Educational Media
A Division of Carson Dellosa Education

I0867261

ROURKE'S
SCHOOL to HOME
CONNECTIONS

ANTES Y DURANTE LAS ACTIVIDADES DE LECTURA

Antes de la lectura: *Desarrollo del conocimiento del contexto y el vocabulario*

Desarrollar el conocimiento del contexto puede ayudar a los niños a procesar la información nueva y usar como base lo que ya saben. Antes de leer un libro, es importante utilizar lo que ya saben los niños acerca del tema. Esto los ayudará a desarrollar su vocabulario e incrementar la comprensión de la lectura.

Preguntas y actividades para desarrollar el conocimiento del contexto:

1. Ve la portada del libro y lee el título. ¿De qué crees que trata este libro?
2. ¿Qué sabes de este tema?
3. Hojea el libro y echa un vistazo a las páginas. Ve el contenido, las fotografías, los pies de fotografía y las palabras en negritas. ¿Estas características del texto te dieron información o predicciones acerca de lo que leerás en este libro?

Vocabulario: *El vocabulario es la clave para la comprensión de la lectura*

Use las siguientes instrucciones para iniciar una conversación acerca de cada palabra.

- Lee las palabras de vocabulario.
- ¿Qué te viene a la mente cuando ves cada palabra?
- ¿Qué crees que significa cada palabra?

Palabras de vocabulario:
- *océano*
- *arroyos*
- *superficie*
- *pozos*

Durante la lectura: *Leer para obtener significado y entendimiento*

Para lograr la comprensión profunda de un libro, se anima a los niños a que usen estrategias de lectura detallada. Durante la lectura, es importante hacer que los niños se detengan y establezcan conexiones. Estas conexiones darán como resultado un análisis y entendimiento más profundos de un libro.

Lectura detallada de un texto

Durante la lectura, pida a los niños que se detengan y hablen acerca de lo siguiente:

- Partes que sean confusas
- Palabras que no conozcan
- Conexiones texto a texto, texto a ti mismo, texto al mundo
- La idea principal en cada capítulo o encabezado

Anime a los niños a usar las pistas del contexto para determinar el significado de las palabras que no conozcan. Estas estrategias ayudarán a los niños a aprender a analizar el texto más minuciosamente mientras leen.

Cuando termine de leer este libro, vaya a la última página para ver **Actividad para después de la lectura.**

Contenido

¡Agua! ¡Agua en todos lados!

El agua está a nuestro alrededor. Está en el aire y en la tierra.

¡Está dentro de nosotros también!

Todos los seres vivos necesitan agua.

No pueden vivir sin ella.

En algunos lugares, las personas cavan **pozos** para encontrar agua para beber.

El agua cubre más de la **superficie** de la Tierra que la tierra.

Mira la fotografía de la Tierra. En su mayoría es azul. Los lugares azules son agua.

La mayoría de esta agua está en el **océano**.

Masas de agua

Los océanos son áreas de agua enormes.

El agua en ellos es salada.

El agua salada no es buena para beber.

El agua fluye en ríos y **arroyos**.

El agua en ellos es agua dulce.

Las personas y los animales la pueden beber.

Los lagos contienen agua dulce también.

Las personas navegan, pescan y nadan en los lagos.

Un estanque es un lago pequeño.

El ciclo del agua

El sol calienta el agua.

El agua sube en el aire.

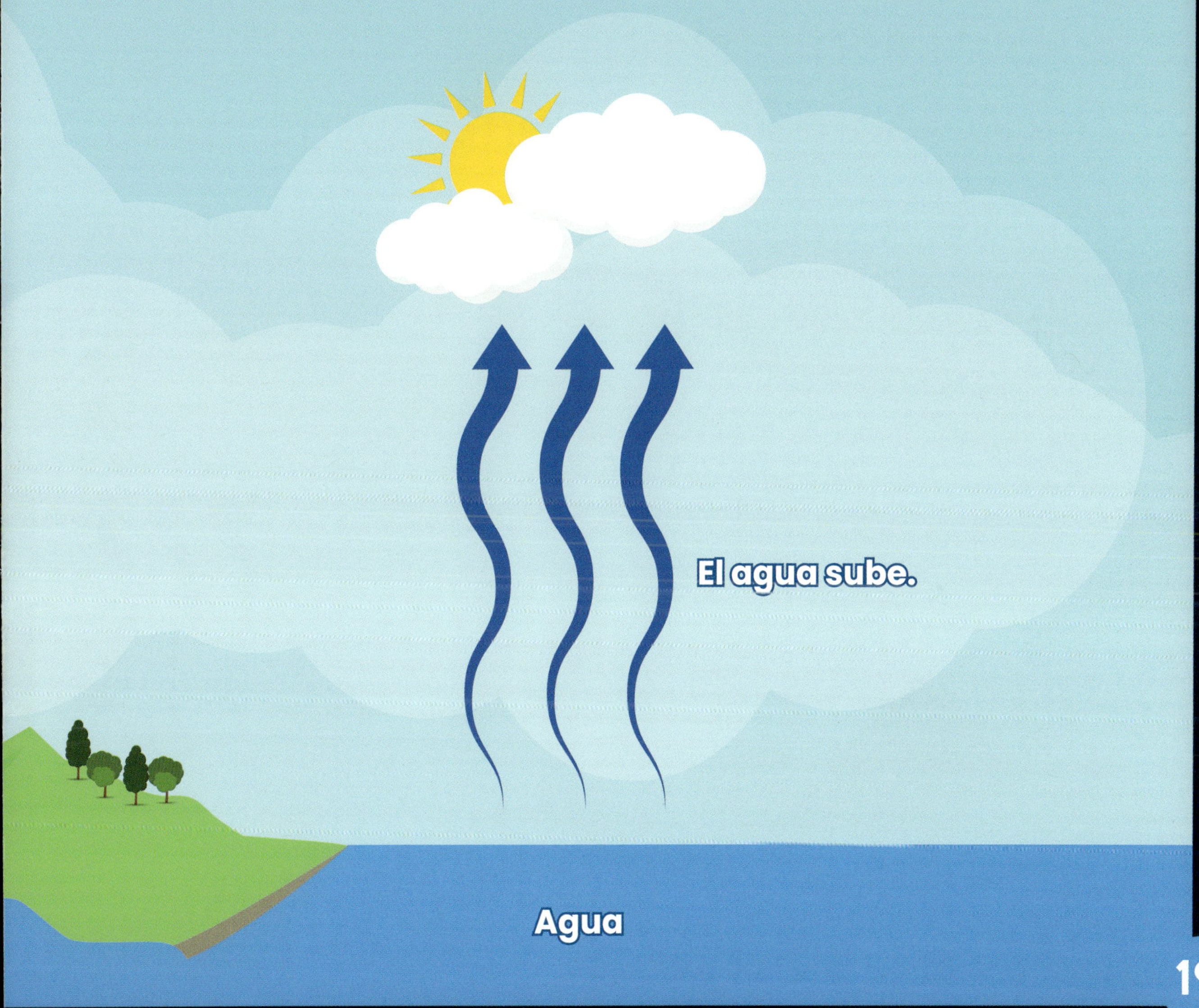

El agua se enfría al subir.

Forma las nubes.

Luego, regresa a la Tierra como lluvia o nieve.

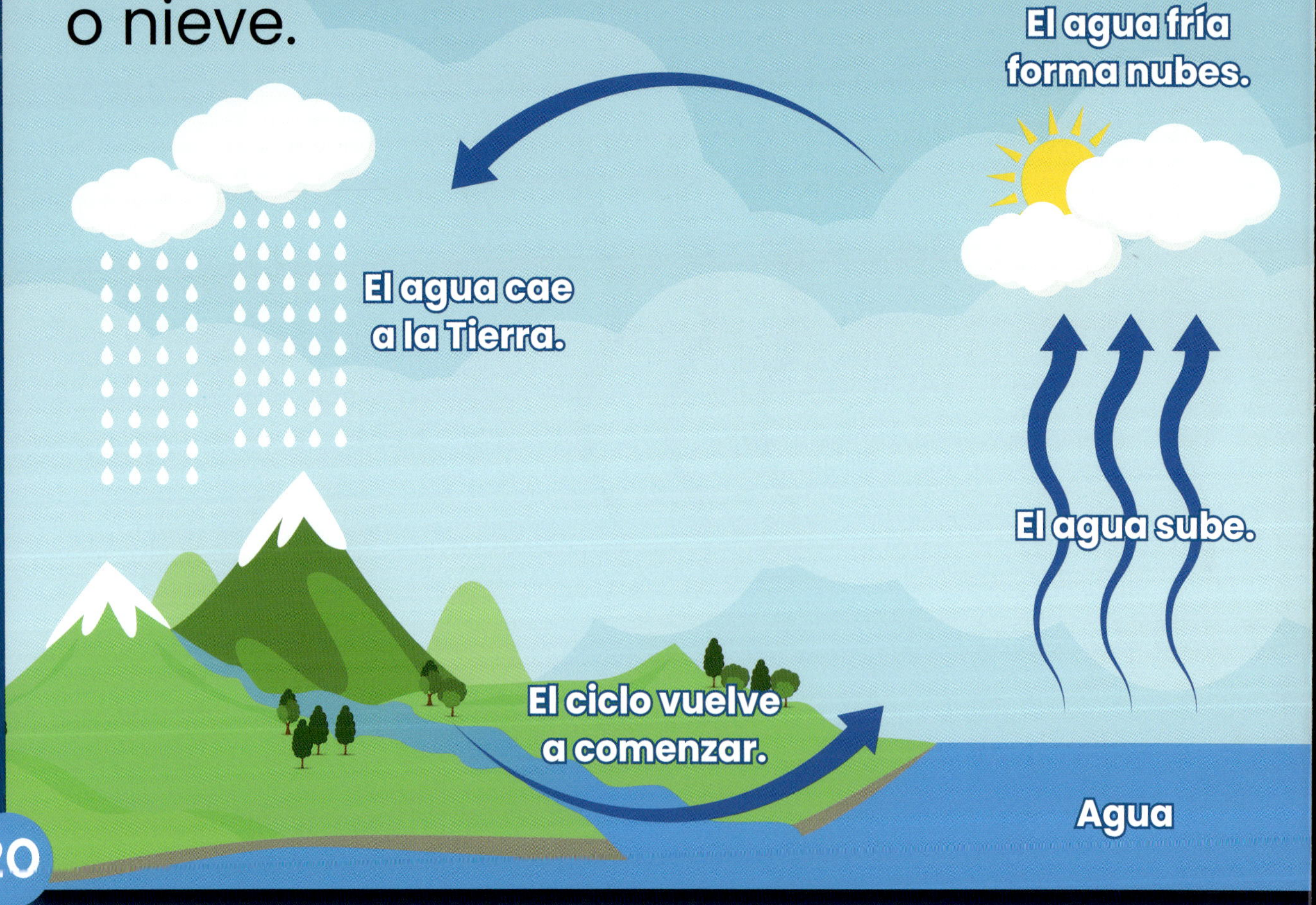

Glosario de fotografías

océano (o-cé-a-no): Una de varias masas de agua salada que cubre gran parte de la superficie de la tierra.

arroyos (a-rro-yos): Cuerpos de agua que fluyen, como riachuelos o ríos pequeños.

superficie (su-per-fi-cie): La capa exterior de algo, como en la superficie de la Tierra.

pozos Hoyos profundos en la tierra de los cuales se puede obtener agua.

Ciclo del agua en una botella

¡Observa cómo se da el ciclo del agua en una botella!

Materiales

botella de plástico transparente con una tapa

agua

colorante para alimentos azul

Instrucciones

1. Llena un tercio de la botella con agua.
2. Agrega varias gotas de colorante para alimentos al agua.
3. Coloca la tapa en tu botella. Colócala donde le dé el sol.
4. Observa: ¿Qué le sucede al agua al calentarse?
5. Ahora, coloca tu botella en un lugar frío.
6. Observa: ¿Qué sucede cuando se enfría el agua?

Índice

Acerca del autor

Lisa J. Amstutz es autora de más de 100 libros infantiles. A ella le gusta aprender acerca de las ciencias y compartir datos divertidos con los niños. Lisa vive en una pequeña granja con su familia, dos cabras, un averío de gallinas y una perrita que se llama Daisy.

Actividad para después de la lectura

En un mapa, encuentra la masa de agua más cercana a tu casa. Aprende tanto como puedas acerca de la masa de agua. ¿Qué tan grande es? ¿De dónde viene el agua? ¿Tiene agua dulce o salada?

Library of Congress PCN Data

Un mundo de agua / Lisa J. Amstutz
(Mi biblioteca de ciencias de la Tierra y el espacio)
ISBN (hard cover)(alk. paper) 978-1-73164-894-5
ISBN (soft cover) 978-1-73164-842-6
ISBN (e-Book) 978-1-73164-946-1
ISBN (e-Pub) 978-1-73164-998-0
Library of Congress Control Number: 2021935459

Rourke Educational Media
Printed in the United States of America
01-1872111937

© 2022 Rourke Educational Media

All rights reserved. No part of this book may be reproduced or utilized in any form or by any means, electronic or mechanical including photocopying, recording, or by any information storage and retrieval system without permission in writing from the publisher.

www.rourkeeducationalmedia.com

Editado por: Hailey Scragg
Diseño de portada: Rhea Magaro-Wallace
Diseño de interiores: Jen Bowers
Traducción: Alma Patricia Ramirez
Photo Credits: Cover logo: frog © Eric Phol, test tube © Sergey Lazarev, cover tab art © siridhata, cover photo ©, p4 © Peopleimages, p5 © praetorianphoto, p6 boy © Imgorthand, dog © Lorenzo Patoia, girl © Riccardo Lennart Niels Mayer, p7 cat © Grybanov, leopard © ePhotocorp, boy © Goldcastle7, girl © Lisa5201, p8 water © Pineapple Studio, dirt © t_kimura, p9 © leonello, p10 © jhorrocks, p11 © FangXiaNuo, p12 © wundervisuals, p12 & 13 © anyaberkut, p13 © Drazen, p14 © monkeybusinessimages, p15 © David Sucsy, p16 water © Pineapple Studio, boys © Sohadiszno, p17 boy & girl © Bartosz Hadyniak, p18 © golero, p19 & 20 © shutterstock, p21 © shironosov. All interior images from istockphoto.com and shutterstock.com.